ABRÉGÉ

DES ANNALES

DU COMMERCE DE MER

D'ABBEVILLE,

Par M. TRAULLÉ, Ancien Procureur du Roi, Membre
du Conseil Municipal.

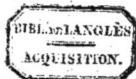

ABBEVILLE,
de l'Imprimerie de BOULANGER-VION.

1819.

ABRÉGÉ
DES ANNALES
DU COMMERCE DE MER
D'ABBEVILLE.

Fin du 3e. siècle.

L'INVASION mémorable et terrible des peuples Saxons dans la Gaule, invasion qui couvrit de deuil la majeure partie de nos contrées et détruisit de fond en comble tant de villes florissantes, opéra dans nos ports une grande révolution; les marins et les négocians de ces ports reconnaissant que ceux qui touchaient au rivage de la mer étaient toujours surpris par les pirates dans une même marée, rentrèrent dans l'intérieur des rivières, et s'établirent dans des positions d'où ils pouvaient découvrir les flottes ennemies assez à temps pour leur échapper et se mettre en défense; telle fut l'origine des ports de la majeure partie de nos rivières, parmi lesquels il peut s'en trouver de fondation plus ancienne; telles peuvent être celle d'un petit port de la rivière d'Honfleur, nommé Ableville et d'Abbeville-sur-Somme qu'une multitude de personne s'obstine toujours à nommer Ableville.

Les Romains avaient, dès leur arrivée et avant celle des Saxons, singulièrement soigné la navigation de nos rivières;

A

ils faisaient par elles, la presque totalité de leurs transports, convois de leurs vivres, de leurs soldats : ils fortifiaient avec art tous leurs passages, construisaient de distance en distance de petits ports pour y retirer leurs embarcations, élevaient des camps pour les soutenir, construisaient des phares pour éclairer leurs rivières, comme nous éclairons les bords de la mer ; ils donnaient à ces phares le nom de stella ou étoiles, nom qui s'est conservé jusqu'à nos jours sur les côtes de la Normandie et de la Picardie. Le camp César de l'Etoile-sur-Somme était encore accompagné, il y a une centaine d'années, d'un phare et d'un quai ; il domine une espèce de gare, où se retiraient, soit en cas d'attaque, soit dans la mauvaise saison, les flotilles qu'on entretenaient sur la Somme : depuis Saint-Valery, jusqu'à la source de cette rivière, on trouve à Abbeville, (1) Pont-Remi, ladite commune de l'Etoile, Tirancourt, Amiens, Boves, Chipilly, Mont-Saint-Quentin, Saint-Quentin, des camps et des restes de camps plus ou moins visibles, destinés à la protection de la navigation. Cette impulsion donnée à cette branche essentielle de l'administration se propagea de siècle en siècle et fut assurée par les établissemens divers que les préfets des Gaules favorisèrent dans leurs provinces. Par leurs soins les colléges des naviculaires et des utriculaires acquirent un grand degré de prospérité : les naviculaires conduisaient des embarcations assez semblables aux nôtres. Les utriculaires en conduisaient d'autres qui étaient toutes différentes, et qui consistaient dans des radeaux que soutenaient sur l'eau des outres ou peaux de bêtes soufflées. On a trouvé dans le midi de la France des médailles en bronze que portaient les gens affiliés à ces colléges. Calvet qui a fait un traité sur les utriculaires, a fait graver ces médailles ; et les inscriptions qu'elles portaient, nous en a fait connaître une

_____

(1) Le camp d'Abbeville se nomme le Cren du Port.

foule d'autres qu'il a su rassembler. On trouve, comme chez nous, le long des côtes de la Seine, de la Loire, de la Garonne, du Rhône, de la Durance, l'Isère et la Saône, des camps, des restes de camps et des phares élevés dans la même intention et des communes nommées l'Etoile. La Touraine paraît tirer son nom des tours ou phares de la Loire.

La navigation de la Somme et de toutes les rivières de France, était au temps des Romains beaucoup plus aisée qu'aujourd'hui ; il y avait dans ces rivières dix fois plus d'eau que de nos jours ; ces faits sont attestés par des témoins irrécusables, par les anciens lits que la Somme a laissé à sec, qui sont connus dans la basse Somme, sous le nom de croups, et dans lesquels on trouve tout ce que peut charrier une rivière : des bâteaux submergés, des squelettes d'hommes et d'animaux noyés, (1) (ces animaux perdus pour nos pays ;) les armes des premiers Gaulois, celles des Romains, les monnoies et médailles des uns et des autres, de petites statues et figurines, des ex-voto en bronze et en terre cuite, des fragmens de poterie sans nombre. L'Auteur du présent Mémoire a conçu le premier l'origine de ces monumens qui dominent majestueusement le sol de nos prairies, y dessinent tous les différens bras de ces rivières, leurs contours ; leurs îles figurant un plan en relief, et a fait connaître leur théorie dans un Mémoire présenté à l'Institut.

Après les Romains, sous la première race de nos Rois, le commerce souffrit, mais ne s'anéantit pas ; il fleurit sous Charlemagne, se soutint sous Louis le Débonnaire : la force de la nécessité le faisait exister ; ses ennemis eux-mêmes ne l'opprimaient pas toujours, parce qu'il consistait dans des objets de première nécessité dont ils ne pouvaient se passer ; savoir : en fer, en blé, en étain, en fruits secs, en vins, en cire, en étoffes, armes, etc. Les corporations des nautes

---

(1) Castors, Rangiers, Urus.

A 2

de Paris, de la Saône et des grandes rivières qui remplaçaient les naviculaires et les utriculaires; les capitulaires de nos Rois, la loi salique, celle des Gots, des Bourguignons, des Wisigots; les écrits d'Ausonne, Paulin, Orose, Sidoine, Appollinaire, Grégoire de Tours, Fortunat, Vopisque, les actes des saints de l'ordre de saint Benoît; les travaux de Félix, évêque de Nantes, pour assurer la navigation de la Loire, (1) les richesses des grandes villes du Rhin, l'état brillant des foires de Saint-Denis, Quentovic sur la Canche près d'Abbeville, l'état de splendeur de Paris, Lyon, Bordeaux et Marseille aux mêmes époques, tout annonce que dans les temps que nous venons d'indiquer, le commerce était vraiment considérable.

Le commerce d'Abbeville, comme celui de Boulogne-sur-Mer, paraissent avoir existé dès la seconde race; l'anarchie féodale ne créa point, entretint faiblement et détruisit beaucoup, et tout commerce qui a pu fleurir pendant la tourmente qu'elle occasionna, dût être fondé sur une base aussi ancienne que sûre. Tel fut le sort des grandes villes; elles acquirent par le commerce assez de fortune pour assurer au prix de l'or leur indépendance. Long-temps avant le douzième siècle et l'établissement des communes, Abbeville et Boulogne paraissent avoir obtenu les mêmes avantages, et avoir conservé leur liberté pendant l'anarchie de cette époque. Boulogne cite des titres qui le prouvent pour elle; Abbeville n'en cite pas autant; mais on doit penser qu'ayant appartenu aux mêmes maîtres pendant ce temps malheureux, il est impossible qu'elle n'ait point obtenue les mêmes privilèges. L'Auteur du présent Mémoire prouvera par un autre, qu'on en a imposé sur l'origine d'Abbeville, et notamment qu'il est faux que Hugues Capet ait marié une de ses filles à un prétendu comte de Ponthieu, à qui il aurait donné Abbeville pour dot; base erronée sur laquelle repose toute l'imposture de nos vieux chroniqueurs.

(1) Dissertation de Carlier. Amiens 1753.

C'est une erreur de soutenir que vers le temps des croisades, il n'y avait en France ni vaisseaux ni commerce; c'était l'opinion d'un écrivain fameux, qui en 1774 traitait des établissemens des Européens dans les deux Indes, et répétait sous la foi d'autrui, que les Génois et les Vénitiens se chargeaient de toutes nos guerres et de tous nos transports sur mer : cet historien n'avait pas fait une distinction essentielle; et n'avait pas remarqué que la France ne les appelait en grand nombre que pour le service de la méditerranée, parce qu'ils la connaissaient mieux que nous; (1) mais que pour le service de l'océan et de la mer du nord, elle les appelait rarement et en petit nombre; que notamment dans la fameuse bataille de l'Ecluse, ils n'avaient que quatre vaisseaux lorsque nous en avions deux cents. En ce qui touche le commerce, lui-même, cet auteur avait négligé les sources brillantes dans lesquelles il devait puiser; il n'avait pas consulté les mémoires fameux de MM. Deguignes, Bougainville, Danville, Leroi, Félibien, Kéralio; il y aurait vu qu'avant les croisades, les Français commerçaient dans le Levant par leurs propres vaisseaux; qu'ils ralliaient par ce moyen le commerce de l'Inde; que les négocians du Levant attirés à Marseille, y versaient les pierreries de l'Orient et les étoffes de soie; que les Syriens abondaient en France; qu'ils y avaient sous la première race un comptoir dans Orléans; qu'un d'eux eût le crédit d'obtenir l'évêché de Paris; que les pélerinages à la terre sainte, en vogue sous cette même race, firent germer l'idée des croisades; que ces pieux efforts favorisèrent le commerce du Levant; que les uns et les autres se prêtèrent un mutuel secours; que les Arabes dont l'empire était immense, se saisirent du commerce de l'Inde; qu'ils pénétrèrent jusqu'à la Chine d'un côté, et qu'ils traitèrent avec toute l'Europe de l'autre; que sous Charlemagne le calife arabe Haroun protégea

---

(1) Le Roi de France n'avait presque pas de ports sur la Méditerranée.

dans le Levant les Français, et céda le saint sépulcre à ce célèbre empereur; que pendant tout ce temps, les grandes villes de France trafiquaient avec le Nord et le Sud ; que la Seine, la Saône, la Loire et leurs villes avaient des corporations de hautes, marchands ou bourgeois, ce qui était la même chose; qu'on échangeait dans le port de Quentovic, près d'Abbeville sur la Canche, les vins, les draps, les fruits secs, le sel, les poissons salés, le miel etc. Il aurait vu que les Chinois eux-mêmes commerçaient avec les Européens : qu'ils étaient connus avant la découverte du cap de Bonne-Espérance ; enfin, qu'au temps de Strabon le commerce passait les alpes, franchissait la mer de la Manche et pénétrait dans la Grande Bretagne.

L'abrégé qui va suivre fera connaître le genre de commerce qui fit la prospérité de notre ville; l'époque de sa splendeur, celle de sa décadence, celle enfin de son rétablissement, contre lequel se sont ligués d'anciens et nombreux ennemis; nous répétons ici ce que nous avons publiés en 1809 sur le commerce d'Abbeville, qu'Abbeville et probablement Boulogne et Montreuil étendirent leur commerce après la ruine sous Charles le Chauve du malheureux port de Quentovic, qu'on place à Etaples; que les Normands qui l'avaient déjà brûlé deux fois auparavant, surprirent alors pendant une foire; Abbeville venait d'être fortifiée et murée sous Charlemagne; sa forteresse était placée entre deux bras de la Somme, et pouvait arrêter les Normands : on ne savait pas alors faire de siége, et cette position était imprenable, ainsi que ces pirates l'éprouvèrent devant Paris. Boulogne et Montreuil n'avaient pas les mêmes avantages pour leur défense; ce fut sûrement à ces moyens qu'Abbeville dût la prospérité de son commerce; enfin le commerce d'Abbeville consista pendant très-long-temps dans des denrées pareilles à celles qui faisaient la base de celui de Quentovic; ce qui fait présumer encore que notre ville, était une de celle qui lui avaient succédée.

Le premier titre faisant mention des navigateurs d'Abbeville, est celui de la fondation du prieuré de Saint-Pierre d'Abbeville, par Guy, comte de Ponthieu.

1100.
Gallea Christiana.

Le Crotoy est fortifié ; le comte de Ponthieu voyant que la navigation florissait dans la Somme, et voulant la protéger dans la baie où ses voisins l'inquiétaient, donne ordre de murer le Crotoy. Le seigneur de Saint-Valery que ce projet contrarie s'y oppose ; une guerre allait s'en suivre, lorsque cédant à la médiation de leurs amis, les deux princes convinrent de s'en rapporter au sort d'un combat judiciaire, qu'on propose de livrer dans l'abbaye de Corbie ; les champions étant prêts et le jour fixé, l'Abbé les engage à faire un traité, le comte de Ponthieu l'agrée et le fort du Crotoy est élevé.

1150.

Cartul. de Corbie.

Philippe Auguste accorde à la ville des lettres royaux, portant que les marchands d'Abbeville sont libres de transporter leurs marchandises d'Abbeville à la mer d'un côté, et d'Abbeville à Corbie de l'autre, par la rivière (qui était alors libre,) sans payer d'autres droits que ceux déjà existans.

1199.
Titres de la Ville.
Cart.

Robert, comte de Dreux et seigneur de Saint-Valery, toujours jaloux d'Abbeville, veut établir un droit de travers sur les vaisseaux venant de la mer passant sous Saint-Valery, et prenant siége pour se rendre à Abbeville ; le comte de Ponthieu refuse, le comte de Dreux se désiste, traite à ce sujet, les Abbevillois l'emportent, ils sont déclarés libres.

1219.
Trésor des Chartes du
Roi. Hist. de Dreux.

Les entreprises que font dans l'intérieur de la ville d'Abbeville les maisons tenant à la rivière, détermine une ordonnance des maire et échevins, pour que nul ne fasse empêchement sur la rivière, *là où navire passe*, notamment par cambre coie ou chambre close.

1270.
Cart. de la Ville.

Nouvelle tentative du seigneur de Saint-Valery, pour son droit de travers, le comte de Dreux oubliant le traité ci-dessus, plaide devant le parlement de Paris avec la ville, il est débouté de sa demande par arrêt de cette date.

Édouard, Roi d'Angleterre, comte de Ponthieu, exempte les marchands d'Abbeville et de son comté, ce qu'il avait fait pour ceux d'Aquitaine, de tout droit sur les marchandises qu'ils vont prendre en Angleterre, réserve seulement ceux sur étain, plomb, cuirs, peaux velues et laines.

Etat brillant de la marine d'Abbeville, son port est alors regardé comme le quatrième de France, dans le fameux combat de l'Ecluse, il fournit un contingent considérable en hommes et en vaisseaux, donnant 12 et Saint-Valery 4.

Le port de Leure y fournit 32 vaisseaux, Dieppe 28; Caen 18, (1) Abbeville 12, Harfleu 11, la baie de Vire 10; Boulogne 10, Étaples 10, Barefleu 8, la Hougue 8, Roen 7, Bonefleu 6, Cherbour 5, Pont-Audemer 5, Etretat 5, Touques 4, Quief-de-Caux 4, Saint-Valery 4, Caudebec 3, Waben 3, Fiquefleu 2, Fécamp 2, Saint-Savinien en Saintonge 2, le Crotoy 1, Calais 1 et ses corsaires.

Total 200 vaisseaux, plus 4 Génois.

Ce combat n'est pas heureux pour la France, sa marine y reçoit un échec considérable, et Philippe de Valois ne peut tenir la mer; les années suivantes, les noms de tous les armateurs et capitaines de ces ports sont conservés dans ce compte précieux.

Fleureton Revel, amiral de France, demande à la ville un contingent en vaisseaux après la bataille de Crécy pour composer l'armée de la mer.

---

(1) Quoique le nombre de vaisseaux de Caen soit plus fort que celui d'Abbeville, le compte prouve qu'Abbeville donna plus d'hommes.

La ville fait un grand commerce dans les foires de Champagne.

1348.
Laudi Rimé.

Epoque glorieuse pour les Abbevillois ; deux cents des leurs, au premier bruit que les Anglais menacent Calais, après la bataille de Crécy, se jettent dans cette place et partagent par une vigoureuse défense la gloire de ce siége immortel ; non contens de cet effort, les maire et échevins d'Abbeville tentent de ravitailler Calais ; ils équipent une flotille, le blocus rigoureux que toutes les forces de l'Angleterre avaient établi par mer, ne permet pas de faire entrer plus de deux petits vaisseaux montés par les capitaines Marand et Mestriel d'Abbeville. Les Anglais conviennent qu'ils firent plusieurs voyages. V. Rumet. En même temps ils fournissent 100 arbalétriers et sergens à lances et pavois à l'armée que lève Philippe de Valois pour secourir Calais ; pour les en récompenser, le Roi confirme la prétention d'Abbeville d'être exempt du ban et de l'arrière-ban.

1347.
Titres de la Ville.
Layette.
Fortification.
Ban et arrière-ban.

Histoire de Calais,
par Lefévre.

Les lettres du Roi disent qu'ils sont encore enfermés dans Calais le 18 juillet.

La ville était associée aux villes de la grande hanse pour le commerce, c'est-à-dire, Hambourg, Lubeck, etc.

Vers 1350.

Le procureur du roi veut obliger les Abbevillois de payer les droits établis au Crotoy pour sa fortification sur les vaisseaux d'Abbeville qui y relâchent et qui viennent des parties d'Aquitaine, Angleterre, Flandre, Ecosse, Bretagne, etc. ; sentence de Gérard-de-Bautressen, sénéchal qui le déboute.

1362. 29 Avril.
Originaux de la Ville.

Lettres royaux de Charles V, Roi de France, confirmant les franchises accordées avant lui aux Abbevillois pour toutes les denrées qu'ils vont prendre dans tout le royaume par terre ou par mer.

1369.
Originaux.

Lettres royaux qui permettent aux maire et échevins d'Abbeville d'imposer chaque tonnel de vin venant de la mer à Abbeville,

1376.
Registres de la Ville.

B

ou pris au Crotoy à un florin d'or par tonnel pour réparer la fortification.

1376.
Titres de la Ville.
Layette, divers objets.

Lettres royaux portant qu'Abbeville a beaucoup souffert dans la dernière guerre, que ses faubourgs ont été brûlés. « Ses habi- » tans moult diminués et tournés à petit nombre ; que ceux » qui étaient grands marchands par mer, sont obligés de faire » draps et autres petites marchandises, qu'ils vont vendre en » Flandre, Artois et Hainaut ; » et que le Roi leur accorde par ces considérations pleine franchise pour ces draps.

1377.
Lettres Royaux.
Idem. Octroi.

Les Rochelais tentent d'assujettir à leurs octrois les vins que les vaisseaux d'Abbeville vont prendre chez eux. Ils arrêtent dans leurs ports ceux de Jéhan Journe, Pierre Tinguery, Gilles de Lépine, Jéhan le Sauvage, Jéhan le Varlet, Jéhan le Gruier, Jéhan le Pourquier, Jéhan Gasquiere, Colart Bellin, Gilles le Faydieu, tous capitaines et marchands d'Abbeville. Le Roi renvoie au parlement de Paris cette contestation.

1379. 27 Août.
Idem.

Le parlement déboute les Rochellais de leur demande,

1379.
Idem.

Lettres royaux qui ordonnent que les octrois mis sur les vins sur mer, ne soient levés que sur ceux venant par mer du Poitou. La Rochelle et l'Espagne, exceptant de l'octroi les vins de France et de Bourgogne, lors même que descendant la Seine ils arrivent à Abbeville par mer.

1380. 5 Juillet.
Idem.

Les Rouenais suivent l'exemple des Rochellais ; ils tentent d'assujettir à leurs octrois les vins et autres objets descendant la Seine et passant sous leur pont.

Ils arrêtent à leur pont des vins appartenant à Hubert de Bailleul; la ville prend son fait et cause, on plaide devant le parlement de Rouen, et les Rouenais sont déboutés.

Les habitans des provinces d'Algarve Cadix et de Portugal Lisbonne, etc. obtiennent du Roi la franchise de toutes les marchandises qu'ils amènent par mer à Abbeville.

1395.
Titres de la Ville.

Lettres royaux au sujet d'une amende que les gens des monnoies disaient que la ville avait encourue, pour avoir laissé circuler chez elle des monnoies étrangères; le Roi prend en considération que les Abbevillois recevant chez eux des marchands de Flandre, Zélande et Hollande, ils sont obligés de recevoir leurs monnoies dans leurs ventes et leur remet l'amende.

1398.
Idem.

A cette époque on voit encore à Abbeville deux rivières marchandes; 1°. celle qui existe; 2°. une autre qui entrait par la rue de la Tannerie qu'elle garnissait presque entièrement, jetant derrière un des deux rangs de maisons un filet d'eau pour le service de la tannerie, qui formait dans Abbeville une superbe branche de commerce et que les impôts ont détruit.

1399.
Idem.

Lettres royaux qui ordonnent le curement de ces deux rivières; des vins, des tourbes, des foins entraient par la rivière de la Tannerie, elle venait d'Epagnette, où elle se séparait de la grande rivière et côtoyait le marais de Saint-Gilles.

Pendant les querelles de la maison d'Orléans et de Bourgogne pour le gouvernement, lors de la maladie de Charles VI, le commerce d'Abbeville souffre beaucoup. La ville équipe un vaisseau, dont elle donne le commandement à Hubert de Fressin, « afin que les marchands et bourgeois d'Abbeville puissent » mener leurs vaisseaux sûrement en la mer; » elle envoie

1401.
Compte de la Ville.

B 2

auprès du conseil à Paris Guérard le Merchier son greffier, pour en donner avis; elle fait savoir à Saint-Valery et au Crotoy qu'il a cinglé vers Cayeux.

1405 à 1406.
Compte de la Ville.

L'avide et tenace seigneur de Saint-Valery renouvelle la prétention de ses devanciers au sujet du travers sur les vaisseaux d'Abbeville; la demoiselle de Dreux et Saint-Valery, va plus loin, elle fait arrêter Jéhan de la Capelle et Guillaume Clapet, marins d'Abbeville refusans, elle échoue comme ses auteurs.

1416.
Registres et Titres.

Le commerce de draps étant devenu aussi considérable que celui de la tannerie, des gens sans talens et sans apprentissage se sont ingérés dans le métier de teinturier et fait des teintures de mauvaise qualité. Jean, fils aîné du Roi et dauphin de Viennois, défend à ces sortes de gens de faire ce métier, désirant la conservation de ce genre de commerce, qu'il dit dans ses lettres être très-important. Lettres royaux.

1421.
Registre aux Délibérations d'Abbeville et autres Titres.

Malgré le traité qui donne au Roi d'Angleterre la couronne de France, Jacques d'Harcourt tenant le parti du dauphin, lui conserve le Crotoy, dont il est capitaine; Abbeville tient le parti des Bourguignons. Jacques d'Harcourt désole de son fort, le commerce d'Abbeville : on lui députe Pierre de la Cauchie, doyen de la chrétienté, Jean Duflos et Willaume de Mautort, échevins de la ville, pour obtenir la restitution des vaisseaux arrêtés.

1423.
Reg. de Tit.

Jean d'Harcourt fait avec la ville une trève ou abstinence de guerre; néanmoins le corsaire Singlas prend aux Abbevillois sept vaisseaux chargés de vin allant à Etaples. La ville envoie

Perrotin de Torgny, son trompette, à Saint-Valery et au Crotoy, vers les conservateurs de ladite abstinence pour obtenir la restitution.

Le Crotoy est assiégé par les Anglais et rendu par composition par Cloquart de Cambronne à Raoul de Bouteiller, envoyé du duc de Betfort, régent en France pour les Anglais.

1423.
Monstrel.

Mandement de Jean de Raëls, secrétaire du Roi, pour que les vaisseaux allant à Abbeville et séjournant au Crotoy, ne puissent y être retenus, à charge de payer les droits. (1)

1424.
Titres de la Ville.

Le duc de Bourgogne étant allé vers Calais, Richard de Richaumes, capitaine de Rue, Robert Duquesnoy, capitaine de Saint-Valery s'emparent du Crotoy par surprise, sur les Anglais, sous la conduite de Florimond de Brimeu, sénéchal de Ponthieu. Le peu qui en reste se sauve de la ville dans le château, petit fort tenant à la place : le sénéchal informé qu'il leur arrive du secours, se retire à Abbeville. Pour se venger de cet affront, les Anglais du Crotoy désolent le commerce d'Abbeville et surtout les pêcheurs. Deux gribannes armées en corsaires leur suffisent pour ces hostilités. Fatigués de ces courses, les Abbevillois conçoivent le projet de leur enlever ces deux embarcations ; ils réussissent suivant Monstrelet, qui s'explique dans les termes suivans sur cette aventure :

1436.
Monstrel.

« En après iceux Anglois du Crotoy avoient deux basteaux » nommés gabannes, par le moyen desquels ils travailloient

---

(1) Le Roi dont il est question dans cette note, est probablement le Roi d'Angleterre : les Abbevillois avaient été obligés de le reconnaître en vertu du traité de 1420, et de le traiter comme leur prince souverain, à l'exemple de la ville de Paris.— V. le président Hainaut.

» souvent ceux d'Abbeville et par spécial les pescheurs : si
» envoyerent les dessusdits d'Abbeville de nuict aucuns de leur
» gens à tout un bastel assez près du Crotoy, et y en eut au-
» cuns, qui en nageant, allerent attacher agrappes de fer par
» dedans l'eaue aux basteaux de susdits : auxquelles agrappes y
» avoit de bien longues cordelles, par lesquelles cordelles iceux
» navires furent tirez deshors et emmenez audit lieu d'Abbeville,
» dont les Anglois furent malement troublez. »

1480.
Registre aux Délibér.

La ville équipe à ses frais un navire de guerre que construit Firmin Hérouard, et qu'on nomme la Petite Trésorière. Ce navire protège les marins d'Abbeville pendant la harengaison ; Lancelot Becquefévre le commande ; la ville lui fait à son retour présent d'une chaîne d'argent et d'un sifflet de manœuvre.

1482.
Idem.

La population d'Abbeville était alors si considérable que le Roi ayant demandé du blé pour les garnisons voisines, on fut obligé de s'excuser de le fournir sur le grand nombre des habitans, qui pouvait monter environ à 40,000 ames.

1483.
Idem.

La population d'Abbeville diminue en très-peu de temps ; la peste y fait de grands ravages', on est obligé de refondre les compagnies et de réformer le papier du guet ou contrôle du guet.

1493. Idem.

La ville se dépeuple encore par la même cause.

1506.
Idem.

Louis XII établit à Abbeville douze francs-marchés, par lettres royaux de cette année. Le préambule de ces lettres porte qu'en ce temps les marées montaient encore tous les jours à Abbeville.

1513.
Idem.

Jacquotin Duméril, capitaine de navire d'Abbeville, emprunte de la ville quatre pièces d'artillerie en fer pour équiper son navire en guerre, sous condition qu'il en rendra la valeur. « S'il arrive qu'elles soient péries, n'était pour le service du Roi, en ce dernier cas n'en rendra aucune chose. »

Le parlement nomme M. Dorigny, conseiller en la cour, son commissaire pour aller faire publier à Abbeville l'arrêt du parlement rendu sur les lettres patentes de 1506, portant création de douze francs-marchés ; la ville d'Amiens s'y oppose, elle envoye à Abbeville son maire Jean de Saint-Fuscien, Pierre du Gard, prevôt de Beauvoisis, Antoine Leclerc le jeune, André de Monsures, échevins; Nicolas de Saisseval, greffier de la ville, etc. Malgré l'opposition, M. Dorigny, après avoir dit qu'il lui déplaisait grandement de voir deux si bonnes villes et si bien gouvernées comme Abbeville et Amiens avoir noise et controverse ensemble, que l'une ne devait point empêcher le profit de l'autre, que le bien et forteresse de l'une, était le bien et forteresse de l'autre, et ajouté qu'il était envoyé pour publier lesdites lettres, et qu'il allait le faire devant MM. d'Amiens ; les fait lire et publier en présence de 10,000 personnes, qui criaient *noël et te deum* au petit échevinage.

1520.
Titres de la Ville.

Réglemens des maire et échevins sur la harengaison et sur les marques et signes que doivent apposer sur leurs barils les maîtres de bâteaux et capitaines de navire d'Abbeville.

1525.
Registre aux Délibér.

La ville arrête qu'à cause de la carence et cherté des chênes, il ne sera fait pour les étrangers dans la ville et banlieue d'autres vaisseaux que ceux du port de 36 tonneaux.

1526.
Idem.

Les marins d'Abbeville sont en si grand nombre, qu'en cette année ils fournissent pour la réception de la Reine à Abbeville 500 hommes armés, en même temps que la bourgeoisie metta it sur pied 7 à 8,000 hommes.

1531.
Reg. aux Délib. extrait
de M. de Beaufort.

1545.
Originaux de la Ville.

La ville reçoit ordre de supprimer pour le bien de la fortification la rivière marchande de la Tannerie, de reduire les deux canaux en un seul, celui du Rivage, et de l'élargir et approfondir ; ce qui est exécuté.

1579.
Extrait des Délibér.

Nouvelle dépopulation de la ville par la peste ; les manufacturiers de draps se refugient en Hollande et y portent leur industrie.

1582.
Minutes de Pierre
Béquin, Not. à Abbev.

Acte de notoriété des marins d'Abbeville, expédié sur la demande de Jacques Renier, marchand de la Rochelle, qui porte que le hâvre du Hourdel, dépendant de Cayeux est fort bon et hanté de tout temps, que delà on peut entrer en mer haute ou basse quand on veut, ce que ne peuvent faire ceux du Crotoy et Saint - Valery, desquels un vaisseau tirant 5 pieds d'eau ne peut sortir ou entrer avant que la mer soit presque pleine ; qu'il faut laisser passer le temps de la morte mer, ce qui empire de jour en jour : qu'ils ont toujours vu charger et décharger audit hâvre, avec la permission du Seigneur de Cayeux ; que depuis deux ans les maire et echevins de Saint - Valery ont empêché de le faire, ce qui a été cause de la perte de plusieurs vaisseaux, y ayant plus de danger à venir du Hourdel à Saint-Valery ou au Crotoy, que du tonquet de Brest audit hâvre du Hourdel, où il y a soixante fois plus de chemin à faire. Ce hâvre était le hâble d'Ault.

1598.
Idem.

Nouvelle peste à Abbeville ; nouvelle dépopulation.

Tous les titres des
Notaires.

En ces années, les marins d'Abbeville allaient pêcher le hareng au gouffre de Malestromme en Norwège, la morue à Terre-Neuve, chercher l'ivoire en Affrique, les épiceries dans la Méditerranée : et comme la navigation de cette mer était très-dangereuse à cause des Barbaresques, ils ne s'y aventuraient qu'avec de forts vaisseaux montés de 80 hommes, depuis 1552 et suite.

M. l'avocat-général Marion donne des conclusions favorables à la ville dans l'affaire de la justice civile, que voulaient enlever à la sénéchaussée et au présidial, les officiers de Mme. la duchesse d'Angoulême, appanagiste du Ponthieu, et y dit, qu'on n'en doit pas dépouiller une ville qui est regardée comme une des plus importantes du Royaume.

1600.
Tit. de la Ville. Ex. B.

Le commerce d'Abbeville fait de grandes pertes pendant la guerre cette année. Les Espagnols prennent en mer le vaisseau de Pierre Patinier, appartenant à Nicolas Sanson père et fils, Jacques Warré, Claude Crignon, Nic. Bail, Nic. Lerminier, Pierre Mauvoisin, plus 12 autres, dont 8 appartenant à des marchands et capitaines d'Abbeville, 1er. à Nicole Boyer, 2e. la Sainte-Géneviève à Guillaume Descamp, 3e. au capitaine Cadre, 4e. le Saint-Louis à Rolland le Roux, 5e. à Guillaume Vignette, 6e. le Saint-Henry à Martin Bellart, 7e. à Pascal Gervois, 8e. la Mairie d'Abbeville à Thomas Descamp, 9e. à Pierre Pillon, 10e. à un capitaine de Saint-Savinien en Saintonge, 11e. à un capitaine du Tréport, le 12e. à un capitaine ou maître de Dieppe.

1627.
Ext. de M. de Beaufort.

Peste affreuse à Abbeville; les deux tiers de la population succombent et notre commerce a peine à se relever de cet échec. Dom François Descaules, Sacristain de la Chartreuse d'Abbeville, note sur le mémorial des cérémonies de sa maison le 2 août audit an, qu'il a exposé ce jour là après matines sur le grand autel et par suite dans la chapelle des Templiers le chef de Saint-Honoré, pour être révéré des fidèles, afin d'implorer le ciel pour la cessation d'un fléau, pendant lequel il a perdu en dix jours, depuis le 22 juillet, son père, sa mère,

1636.
Manuscr. de l'Abbé Buteux.

C

son aïeul, son aïeule, trois frères et deux sœurs. On déserta la ville pendant cette peste et l'on campa dans la plaine de la porte Dubois.

1645.
Comptes et Délibér.

Les vaisseaux de 100 tonneaux étaient alors communs à Abbeville, celui de Nicolas Descamps, dit le Soleil, de 100 tonneaux allait prendre au Hâvre des sels, qu'il amenait au magasin de Saigneville.

1646.

Dans ces époques, la population d'Abbeville égalait celle d'Amiéns et pouvait se porter à près de 40,000 ames; les hommes en état de porter les armes étaient environ de 10,000 sous Philippe de Valois, dont 1,500 marins sous les voiles, 7 à 8,000 sous Louis XII non compris 500 marins; il y avait 6,000 maisons, qui dans ce temps jusqu'au 18e. siècle avaient plusieurs locataires; les rues étaient plus nombreuses, on en compte 80 à 90 supprimées et entrées dans les jardins des communautés religieuses des Carmes, Jacobins, Capucins, Minimes, Visitation, Ursulines, l'Hôtel-Dieu, Saint-Georges, Sœurs Blanches et des maisons de particuliers, etc. Les présens faits par les marins à la paroisse de Saint-Jacques d'une grille en cuivre d'un poids énorme; ceux faits à Saint-Paul et à Saint-Georges; les vitres peintes des mêmes paroisses, sur lesquelles on voyait les Sanson, Duméril, Descamps, etc. avec leur famille, sont les témoins de cette prospérité: une foule de professions subsistait à l'ombre de ce commerce et vivait par lui. Consultez les anciens almanachs de Picardie et du Ponthieu.

1664.
Archives de la Ville.

Les malheurs dont nous venons de parler, ayant détruit notre commerce, le célèbre Colbert demande aux Abbevillois des notes sur les moyens de le ranimer; les négocians disent dans un mémoire de cette date, que le commerce d'Abbeville diminue encore tous les jours; que beaucoup de négocians se sont éloignés vers 1560 et années suivantes, après avoir éprouvé beaucoup de malheurs; que les octrois ont fait un tort infini à la ville, notamment un dernier existant encore et devenu vexatoire; qu'Abbeville a long-temps fourni à la ville de Paris la majeure partie de ses épiceries qui lui arrivaient par mer : que la navigation de la Somme peut balancer celle de la Seine et à moins de dangers; que la ville d'Abbeville, est sans contredit, la mieux située de la Picardie pour le commerce; que les navires y peuvent monter d'une seule marée : qu'il ne s'y perd aucuns vaisseaux, soit à l'entrée de la rivière de Somme, soit en la remontant; qu'après Rouen elle peut devenir la plus marchande du Royaume; qu'elle peut par les chanvres et lins ajouter beaucoup à son commerce.

Révocation de l'édit de Nantes; nouvelle perte d'hommes et d'industrie pour la ville.

1685.
Archives de la Ville.

Les négocians d'Abbeville présentent au conseil un mémoire pour obtenir que leurs vaisseaux puissent remonter du bouillon de la mer à Abbeville, sans acquitter à Saint-Valery; ils y disent que leur ville a toujours été réputée port, et qu'autrefois les navires y montaient de la mer sans acquitter à Saint-Valery: qu'avant les deux dernières guerres, il y avait encore à Abbeville une vingtaine de navires de 50 à 100 tonneaux; que MM. Van-Robais, propriétaires d'un de ces navires envoyaient achéter leurs laines à Bilbao et les faisaient arriver à Abbeville par la Somme; ils disent avec raison, que les droits de douanes dans les rivières de Garonne, Seine, Loire, etc. ne se payent point à Blaye, Quillebeuf et le Hâvre; mais à Bordeaux, Nantes et Rouen, qu'il en doit être de même pour Abbeville; qu'il n'a péri de mémoire d'homme aucun bâtiment du Crotoy à Abbeville; qu'au contraire, il en périt fréquemment dans le trajet du Crotoy à Saint-Valery; ils conviennent que les bâtimens

1734.
Idem.

C 2

d'Abbeville allègent quelquefois au Crotoy; mais qu'on
est forcé d'alléger aussi les bâtimens de Bordeaux, Nantes,
Rouen et Caen.

Ils déclarent que leurs navires peuvent arriver à Abbeville
en une seule marée, lors même qu'ils tirent 8 pieds d'eau; ils
font remarquer l'aveu fait par les habitans de Saint-Valery,
qu'il n'y avait pas autrefois de douanes chez eux, ce qui
prouve l'exiguité de ce port: nos négocians, disent-ils, ne
cherchent point à frauder les droits du Roi, n'ont jamais donné
dans ce travers; leur unique désir est de profiter de l'avantage
que la nature leur offre; l'intérêt de l'état est joint avec celui de
la ville, qui ne combat que l'avidité particulière des commis-
sionnaires de. . . . . et la jalousie des marchands d. . . . . ;
en faisant remonter à Abbeville, les négocians gagnent les frais
de commission et décharge et recharge de Saint-Valery. La pré-
caution de jeter un employé des douanes sur les vaisseaux
montant directement à Abbeville, doit écarter toute idée de
fraude. Saint-Valery dit que le garde du bâtiment peut se laisser
éblouir par des louis d'or; on répond que MM. les fermiers
généraux ne choisissent que d'honnêtes gens, que ces prétendus
louis ne les éblouiront pas moins dans Saint-Valery que dans le
trajet de Saint-Valery à Abbeville; qu'enfin ceux qui ont dressé
le mémoire contre les négocians d'Abbeville, auraient pu se
dispenser de hasarder la réflexion sur la contrebande par rap-
port aux conséquences qui pourraient rejaillir contr'eux.
L'attaque de Saint-Valery et la défense d'Abbeville en 1734,
sont calquées les unes sur les autres, comme si on avait connu
ces mémoires. Les Abbevillois ont mis dans leur défense en 1819
la même loyauté qu'en 1734.

1742 à 1747.
Archives de la Ville.

M. de Grassy propose de faire passer hors de la ville dans
l'ouest, le canal de la rivière qui s'encombrait et qu'on curait

tous les 50 ans environ ; la ville s'y oppose vigoureusement, le projet était dicté par ses ennemis, il échoue et on cure la rivière.

Linguet écrit sur le projet de canal et d'un port dans la baie de Somme ; il soutient que le port du Crotoy se comblera comme celui de Saint-Valery, qu'il dit s'encombrer alors de plus en plus et qui menace de devenir impraticable ; il glisse légèrement sur le projet de faire un port au hâble d'Ault ; il prétend aussi que c'est sur la rive droite, sur celle du Crotoy et au Crotoy qu'il faut creuser le canal projetté et le port, quoiqu'il l'ait dit plus haut, mais il le préfère à Saint-Valery ; il veut enfin que ce soit dans ce port qu'on ramène les négocians, les douanes, etc.

1764.
Réimprimé en 1819.

Arrêt du conseil qui ordonne le redressement de la Somme, depuis Amiens jusqu'à la mer.

1770.
Archives de la Ville.

Abbeville présente un mémoire au conseil pour demander que le canal projetté ne soit creusé sur la rive gauche de la Somme, avant qu'au préalable il soit décidé lequel des deux ports, celui de Saint - Valery ou celui du Crotoy doit obtenir la préférence.

1777.
Idem.

Autre arrêt du conseil qui ordonne le rétablissement du port de Saint-Valery et l'ouverture d'un canal depuis le Petit-Port jusqu'à Pinchefalise.

1778.
Idem.

Le commerce d'Abbeville cherche à se ranimer ; M. Plantard fils construit dans les chantiers de la ville des vaisseaux de 80 tonneaux ; il fait baliser la rivière et donne un exemple qui malheureusement n'est pas suivi ; sa mort prématurée nuit à ses projets. MM. Delattre les reprennent, on les abandonne.

Idem.

Une révolution s'opère dans la baie dè Somme et dans la manche ; la mer rongeant plus que jamais les falaises de Dieppe et du bourg d'Ault, les galets que multiplie cette érosion s'accumulent excessivement sur le banc du Hourdel ; l'effet de cette marche rapide est d'élargir le cap du Hourdel et de le faire avancer vers le Marquenterre et les dunes de Saint-Quentin, de rétrécir l'embouchure de la baie, d'en former en quelque sorte une seconde dans la première, de laisser arriver moins d'eau qu'auparavant dans la baie, de porter toute la masse de cette eau sur le Crotoy, d'approfondir la seconde baie ou le côté du Crotoy, de faire monter le flot de ce côté long-temps avant qu'il puisse arriver de l'eau sur Saint-Valery, de former un large golfe entre ce cap avancé du Hourdel et Saint-Valery, d'y laisser dormir l'eau, de laisser aux sables la faculté de combler ce golfe que le courant ne peut plus balayer, de contraindre la mer de sapper les dunes de Saint-Quentin côté du Crotoy, de renverser leurs sables et de s'en ressaisir pour les ramener en baie et ajouter au comblement.

Cette révolution a été puissamment aidée par la faute qu'on a faite, il y a 60 ans et plus, de barrer le hâble d'Ault dont avait si bien parlé le certificat de 1582 ci-dessus. Ce hâble, ou hâvre ou port, mots synonymes, était un des ouvrages de la nature le plus digne d'attention, servant en quelque sorte de vedette à la Somme ; il arrêtait dans leur marche les galets qui, comme l'a bien dit le sage Lamblardie, viennent chez nous du cap d'Antifer ; il traversait le banc de galets avant Cayeux du côté d'Ault ; il s'en saisissait pour former semi circulairement, en forme de corne, deux petites jetées que toujours il entretenait, et entre lesquelles il cheminait vers la haute mer. Un de nos concitoyens M. Gatte, s'avisa de parler avantageusement du hâble, et sur le champ la perte du hâble fut conjurée. Les marins invalides de Cayeux demandèrent sa suppression.

Un barrage fut exécuté et l'entrée du hâble interdite à la mer ; ces pauvres gens ne voulaient pas voir que le hâble était l'égide qui défendait la baie et leur propre existence ; ils voulaient oublier qu'il avait sauvé des milliers de pêcheurs pendant des tempêtes, que c'était pour eux et les vaisseaux marchands un asyle toujours ouvert, que le hâble supprimé, les galets que son courant repoussait toujours vers le large, n'ayant plus d'obstacles à vaincre, s'avanceraient par torrens pour élargir et prolonger la pointe du Hourdel ; c'est ce qui est arrivé après la perte du hâble, dans lequel ses aveugles ennemis ont fait arriver des objets propres à le combler, l'essain innombrable des galets n'a fait que s'accroître ; il a élargi le cap du Hourdel, l'a forcé de s'avancer avec rapidité vers le centre de la baie contre les dunes de Saint-Quentin-en-Tournont, a déterminé l'agrandissement de ce golfe funeste qui existe entre Saint-Valery et le Hourdel, a porté les sables dans ce golfe ; mais ce qu'il y a de plus désastreux, c'est qu'il a privé du refuge le plus assuré les pêcheurs et les bâtimens de commerce, c'est que les naufrages des uns et des autres s'en sont ensuivis, malheurs dont sont coupables ceux qui ont déterminé cette détestable opération, ensorte que si les pêcheurs de Cayeux se sont laissés entraîner par de mauvais conseils, après être tombé les premiers dans l'abîme, ils y ont entraîné ceux qu'ils avaient eu la faiblesse d'écouter.

Cette révolution est encore aidée par l'établissement de la digue du canal ; en effet, avant sa confection et le prolongement de la digue du Hourdel, la mer se répandait également sur les deux côtés de la baie ; tous les 25 à 30 ans, la Somme se portait alternativement sur le Crotoy et Saint-Valery, mettait par cette marche les sables au niveau des deux côtés ; mais la digue du canal ayant donné aux sables un point d'appui et repoussé la rivière, un atterrissement en pente douce s'est élevé du centre de la baie vers la digue du canal, a forcé la Somme de déserter le côté gauche, celui du canal, de se porter sur le Crotoy et de favoriser l'atterrissement qui, partant du Petit-Port vers Abbeville, arrive à Saint-Valery et finira par se joindre à celui du golfe du Hourdel. Cet atterrissement est d'autant plus dangereux, qu'il se forme vers le canal de Saint-Valery en terre de molières, terres tenaces, que les orages et les hyvers apportent : déjà même elles arrivent malheureusement vis-à-vis la Ferté, où leur présence est indiquée par la perce-pierre et autres plantes qui suivent et accroissent ces sortes d'atterrissement.

11 juin 1806.

La ferme de la gabelle ayant été supprimée en 1789, la vente du sel étant devenue libre, ce commerce qui dans tous les temps a présenté beaucoup d'avantages, notamment dans le département de la Somme, à cause de notre rivière, s'étant concentré à Abbeville, on a reconnu l'importance des dépôts qui s'y étaient établi spontanément pour la vente soit de la ville, soit de l'arrondissement, qu'on regarde comme le second arrondissement de France pour la population. On a ouvert les yeux, et reconnu l'avantage de la position d'Abbeville pour faire un dépôt central ; on aurait pu l'y établir exclusivement, puisque Saint-Valery n'avait conservé de vente que pour son canton, cependant le décret du 11 juin 1806 a compris Abbeville et Saint-Valery dans l'état des entrepôts réels établis par l'article 21 dudit décret.

1814.

Cessation du blocus des ports de France, tant qu'il dura les entrepôts ne pouvaient recevoir les sels que par terre ; mais la mer devenue libre, le sel reprend son cours par mer, et le cabotage qui depuis un demi-siècle s'arrêtait à Saint-Valery, prend sa direction vers Abbeville.

Nouveaux efforts de notre commerce pour se relever : un

de nos concitoyens, M. Morel donne le premier signal : il fait monter à Abbeville le premier navire après la guerre, il était chargé de sel, capitaine Talec, de Bretagne, 70 tonneaux.

L'année suivante il en fait monter plusieurs autres.

1815.

Un des capitaines de Navire prend à son arrivée au Crotoy, des informations sur la navigation du Crotoy à Abbeville ; on l'intimide tellement qu'il n'ose pas en sortir, il se repent bien de sa pusillanimité.

M. Delimal-Sury, négociant d'Amiens, persuadé des avantages d'Abbeville, y achète une maison et y fait un établissement qu'il est à désirer qu'il conserve.

1816.

M. Deshayes, négociant, quitte Saint-Valery où il avait une maison et en crée une à Abbeville.

Le premier de ces deux négocians ayant beaucoup de fonds à employer, fait remonter beaucoup de vaisseaux.

Le commerce de mer va toujours en croissant ; 121 vaisseaux, dont   à M. Delimal,   à M. Deshayes, et plusieurs autres à MM. Morel, Assegond, Lottin, Dequevauvillers, Hénoque, veuve Labbé-Barré, remontent la rivière et arrivent à Abbeville ; on en voit 36 en même temps dans la ville dans le mois de juillet, spectacle dont on était privé depuis deux siècles et dont les bons citoyens ne se lassent pas de se repaître.

1818.

Les arrivages continuent, 68 vaisseaux montent dans les cinq premiers mois de l'année. Un fait prouve qu'on peut monter à Abbeville en une seule marée. Le capitaine Coriton arrive le jour de Pâque venant de la Rochelle au Pont-Rouge à Abbe-

1819.

D

ville, tenant au port, à une heure après-midi environ, et déclare venir en trois heures du travers de Dieppe, qu'il avait vu à dix heures du matin le même jour; enfin, on voit un des capitaines qui connaissait bien notre port, remonter dans la ville la rivière à pleines voiles.

L'entrepôt des sels devenu nécessaire à Abbeville, est disputé par Saint-Valery. Le maire et le conseil de la commune d'Abbeville, font de grands efforts pour le conserver. La ville présente un excellent mémoire. M. Thomas, ancien président du tribunal de commerce d'Abbeville, fait des démarches qui permettent d'espérer un heureux succès. M. Delimal compose un mémoire de son côté, il y préconise la sagesse des Abbevillois, Saint-Valery s'oppose de nouveau. M. d'Hardiviller de Fressenneville, député du département, nous soutient avec énergie; un membre du corps législatif, M. de Villèle, quoiqu'étranger à notre département, se dévoue à notre cause et la défend avec autant de force que d'énergie, remarquant avec le plus grand intérêt, que dans cette circonstance, notre ville donnait un grand exemple de modération; qu'elle demandait à partager l'entrepôt, lorsque Saint-Valery voulait l'obtenir sans partage; qu'elle se bornait uniquement à vouloir conserver ses droits et ne songeait pas à envahir ceux que ses voisins ont comme elle reçu de la nature.

Nous terminons par ajouter aux notes abrégées que nous présentons en ce qui touche la statistique de notre baie, que la nature ayant fait un effort pour rendre à la Somme deux ports dans le Crotoy et Abbeville, il serait très-imprudent de la contrarier; que pour l'avoir été dans le hâble d'Ault, etc. elle a causé dans la baie un grand désordre; que ces deux ports peuvent survivre à la révolution qui comble tous les ports de la manche et devenir la dernière planche après la naufrage ; qu'il ne faut pas perdre de vue que la puissance des rivières va toujours en diminuant, que la nôtre par suite d'une imprudente méchanceté se porte sur les dunes de S.Quentin.

En ce qui touche les faits historiques que nous pouvons prouver par de nouvelles chartes, que le commerce se portait sur Abbeville avant 1219, et que celle de cette date ci-dessus citée, portant convention entre le comte de Ponthieu et le seigneur de Saint - Valery, fut interprêtée en 1220 ; que ce dernier, jaloux de voir le commerce fleurir chez nous, tenta souvent de détourner les vaisseaux étrangers qui nous arrivaient, et de les faire entrer dans son port, soit par prières, soit par menaces. Que par le traité de 1220, il renonça à ces actes d'hostilité ; qu'on doit conclure de ces deux traités que le commerce d'Abbeville était déjà ancien en 1220, puisqu'il était fait alors non-seulement par ses habitans, mais encore par les étrangers qui n'y venaient que par habitude ; qu'enfin il résistait avec succès aux tourmentes féodales, ainsi que nous l'avons dit plus haut, et qu'il n'eût jamais réussi, si dans ces temps il n'eût fait que naître.

Chronique de Rumet.

Que cette circonstance n'est pas la seule dans laquelle nos comtes eurent la sagesse de nous soutenir ; que reconnaissant que la richesse de notre commerce faisait la leur, ils le secondèrent puissamment ; que le comte de Bretagne, pays où le droit de lagan, droit vexatoire imposé sur les naufragés, s'exerçait avec une fureur inouie, ayant donné le premier l'exemple de son abolition ; les comtes de Ponthieu, ceux de Boulogne et de Flandre, les seigneurs de Saint - Valery et Cayeux et le Roi Philippe Auguste lui-même (1191), y renoncèrent avec empressement, obéissant aux sollicitations de pères des conciles de Bretagne et des pieux personnages du temps, qui rendirent à l'humanité cet important service.

Ducange, V. Lagais, Glossaire.

D 2

Qu'enfin, en demandant avec empressement la conservation
de leurs droits, les Abbevillois ne demandent que le prix du
sang qu'ils ont tant de fois versé pour la patrie, soit dans
une foule de rencontres, soit dans la défense glorieuse de
Calais en 1347, pour laquelle bravant la famine et la mort,
ils ont donné au Roi Philippe de Valois, que tous les malheurs
accablaient alors, des preuves éclatantes d'un attachement sans
bornes, trait héroïque et mémorable dont aucun historien n'avait
parlé, que nous sommes assez heureux de pouvoir rappeler à
la postérité, dans une circonstance où nous en pouvons tirer
avantage, et que Dubelloy, s'il l'eût connu, n'eût pas manqué
de consacrer à l'immortalité, lorsqu'il occupa toute l'europe de
la gloire des Calaisiens.

PIÈCES JUSTIFICATIVES.

*Lettre concernant deux cents hommes envoyés par Abbeville
au secours de Calais, assiégé par Édouard III en 1347.*

18 juillet 1347.

Philippe, par la grâce de Dieu, Roi de France, aux
gouverneurs du bailliage d'Amiens et de Ponthieu, etc. **Salut.**
Comme à la supplication des maire et échevins et communauté
d'Abbeville en Ponthieu, et pour considération des bons et
loyaux services que eux nous ont fait en nos guerres, en ré-

sistant et contestant par plusieurs fois à nos annemis et des pertes et dommages que eux à cause d'icelles ont eu à soustenir, leur avons octroyé et par ces présentes octroyons de grâce espéciale que eux tant parmi deux cent hommes, qu'ils ont envoyés de ladite ville en celle de Calays *qui encore y sont,* comme de cent autres hommes que eux envoyer nous doivent en notre présent ost; c'est à savoir, cinquante bons et suffisans arbalétriers et cinquante bons sergens à pavois et à lances, soient quittes de tout arrière - ban durant notredit ost, mêmement comme ceus de ladite ville, qui est le refuge de tout le pays, plus grande quantité s'en partoit grand péril pourroit être pour elle et ledit pays; nous vous mandons, et à chacun de vous, que les cent hommes dessus dits, pardevant nous venus comme dit est, vous contre la teneur de notre présente grâce, les maire et échevins et communauté dessus dits ne contraigniez faire souffrir, laissiez jouir et user paisiblement, cessant tous empêchemens, mais ce pour aucuns de leurs biens sont prins et detenus, si les leurs rendez ou faites rendre et mettre à pleine délivrance, non contestant que par nous ou nos gens commandés ou enjoints leur eust été, que tout homme de ladite ville d'Abbeville, qui armer se pourroit, allast à Boulogne à certain jour; ordonnances et mandemens au contraire donné en nos tentes les Fruges, le 18 juillet 1347, de par le Roi, présent M. le vicomte de Melun, contre-signé PANE.

Autre Lettre relative au siége de Calais.

DE PAR LE ROI,

11 juillet.
(sans date d'année.)
[mais 1347.]

A nos bien amez mayeur et eschevins de Abbeville, par le conseil des prélaz et barons, des nobles, des bourgeois de nos

bonnes villes et des bonnes gens qui sont et ont été avec nous
nous avons ordonné à nous traire droit vers Calais, pour secourre
ladite ville et nos bonnes gens qui y sont, car ils se sont si
bien et si loyalement portez à l'honneur de nous et de la couronne de France, et est chose si nécessaire au profit de nous,
et de la couronne de France, et de tout notre Royaume, que
tous ceux qui loyalement aiment l'honneur et le profit de nous
et de la couronne de france, se doivent à cette chose mettre
et employer, et pour ce que nous pensons que vous avez à cette
chose grande affection pour la loyaleté que nous tenons qui est
en vous, nous vous prions et requérons sur toute l'amour et
l'obéissance que vous nous devez, et néanmoins vous mandons
et commandons sur quanque vous poez mesfaire envers nous,
que vous viengniez par devers nous et tous ceulx de ladite ville
de Abbeville et de la banlieue qui armes peuvent porter y faites
venir armez et appareillez en tout le meilleur arroy qu'il pourra
être fait, soit à cheval soit à pié, chascun selon son estat, et
soyez tous à nous de demain en huit jours à Bolongne sur la mer,
sans point de desfaute, nonobestant quelconques ordes de gens
d'armes, ou d'autres choses que nous vous ayions fait, ore et
autrefois, en nos présent guerre et avec os envoyiez ou faites
venir avec vous tous les vivres que vous pourez avoir pour le
gouvernement de vous et de notre host, et ce ne laissiez mie;
quar nous pensons à cette fois, à l'aide de notre Seigneur,
mettre les besongnes si à point que se Dieu plait, nos subjets
demourront en tranquillité et en pais, si le faites en telle manière
que nous puissions appercevoir l'amour et la loyauté dont nous
pensons que vous aimez nous et notre bonheur, et sachez que
à ceulx qui en seront négligens nous le monstreront en telle
manière que tous y devront prendre exemple.

DONNÉ à Hédin, le onzième jour de juillet. (La date de
l'année est omise.)

Extrait du compte de feu François de Lospital, jadis clerc des arbalétriers du Roi notre seigneur, des recettes et mises par lui faites à cause de la grande armée de la mer, l'an mil trois cent quarante, sous le commandement de M. Hugues Quieret, Amiral de France et sire Nicolas Béhuchet, conseiller du Roi sondit seigneur, laquelle armée fut déconfite devant l'Écluse le 24 juin 1340.

Pour les ports des côtes de Picardie et Normandie.

Prêts faits aux seigneurs et maîtres des deux cents nefs sous le commandement dessus dit.

Noms des maîtres ou capitaines, des seigneurs ou armateurs des vaisseaux et des seigneurs et maîtres, c'est-à-dire, montant leurs propres vaisseaux, qui ont combattu à l'Écluse.

La lettre m, signifiera maître; la lettre s, seigneur; les lettres m et s, maître et seigneur. La lettre b, signifie barge ou gros vaisseau.

CHIEREBOURT

Richard le Mire, m.
Jean de Bourdeaulx, m. et s.
Pierre le Marcheant, m. et s.
Thomas Bastard, m. et s.

BAREFLEU.

Anchiel Boudin, m. et s.
(Pierre le Flament, s.; Sanson Fouache, m.
(Jean Morin, s.; Rogier Hébert, m.
Sanson Martin, s. et m.
Raoul Mabre, s. et m.
Richard Harengier, m.
Morice Fouache, s. et m.
Morice Delemer, s. et m.
Guillaume Bades, s. et m.

LA HOGUE.

Jehan Butor, s. et m.

Richard Dangierville, s. et m.

Jehan Picot, s. et m.

Richard Trésorier, s. et m.

Robert Auvere, s. et m.

Guillaume Gautier, s. et m.

(Pierre Cohuel, s. et Sieffroy Torel, m.

(Le même, s. et Robert Picot, m.

(Le même, s. et Picart Barefleu, m.

Jehan Auvere, s. et m.

LA BÉE DE VIRE.

(Colin le Gras, s. ; Thomas Blancvillain, m.

Colin Danais, s. et m.

(Michel Connard, s. ; Rogier Boutevillain, m.

(Colin le Gras, s. ; Guillaume Picart, m.

(Colin le Gras, s. ; Colin Thomas, m.

(Colin le Gras, s. ; Bertelemy Beaumez, m.

(Michel Canart, s. ; Picart Leveque, m.

(Guillaume le Hongre, s. ; Raoul Gosse, m.

CAEN.

(Phelippe le Marcheant, s. ; Jehan Guifroy, m.

(Le même, une seconde fois, s. ; Jacques Ludin, m.

(Le même, une troisième fois, s. ; Michel le Tellier, m.

Raoul le Senechal, s. et m.

(Jehan le Prevost, s. ; Pierre Gieffroi, m.

Jehan Picavent, s. et m.

Guillaume de Cambes, s. et m.

Richart le Petit, s. et m.

(Jehan Langlois, s. ; Jehan Blondel, m.

(Le même, deux fois, s. ; Henri Conloup, m.

(Ysart Gripeel, s.; Guillaume de la Hogue, m.
(Le même, deuxième fois, s.; Guillaume du Marchié, m.
Guillaume le Breton, s. et m.
Jehan Saquespée, m.   b.

PONT-AUDEMER.

Jehan Goubert, s. et m.
Pierre Touze, s. et m.
(Guillaume Guidres, s.; Jehan Guidres, m.
Drouet de Baudon, s. et m.

TOUQUE.

Jehan le Tripier, s. et m.
Jehan Ryent, s. et m.
Colin Prudome, s. et m.
(Andrieu Olivier, s.; Guillaume Olivier, m.
(Jehan Rivert, s.; Guillaume Rivers, m.

FIQUEFLEU.

Pierre Rillie, s. et m.

HONNEFLEU.

Robert Plome, s. et m.
Jehan Picot, s. et m.
Robert Presquet, s. et m.
Robert de Cailly, s. et m.
(Jehan Roqueroy, s.; Colin Presteve, m.
Jehan Laveronnier, s. et m.

ROEN.

Jean Croisel, s. et m.
Guillaume Wavant, s. et m.
Robert le Mire, s. et m.
(Jehan Gorrant, s.; Raoul Bellie, m.
(Le même nom, s.; Richart Boutte, m.

E

(Robert Malerbe , s. ; Guillaume Colemine , m.
(Le même nom , s. ; Antheaume Hardi , m.

CAUDEBEC.

Thomas Robache , s. et m.
Robin Fierebrache , s. et m.

HAREFLEU.

Jehan Toustain , s. et m.
Gillebert Lefévre , s. et m.
Gillebert Anguiez , s. et m.
Pierre Gonnel , s. et m.
Martin de Barenguier , s. et m.
Richart le Duc , s. ; Andrieu Hay , m.
Aubert de Tinqueville , s. ; Guillaume Bagos , m.
Gobert du Bosquet , s. ; Guillaume Dugardin , m.
Guillaume du Hamel , s. ; Guille le Roi , m.

LEURE.

(Voyez la première note de la page 39.)

Adam Berenguier , m.   (au Roi.)
Guillaume de Bourdeaulx , m.
Jehan de Barenguierville , m.
(Raoul Rose , s. ; Robin Danais , m.
Le même nom , m.
(Guillaume le Brumeu , s. ; Simon Coterel , m.
Guillaume Tourneville s. et m.
(Nicolas Helyes , s. ; Jehan Cauche , m.
(Le même , s. ; Jean Vavasseur , m.
(Colin Dele Croix , s. Jehan Tibout , m.
(Le même nom , s. ; Pierre Dele Croix , m.
Colin Ouin , m. et s.
Anchiel Sagare , m.
Jehan Godefroy , m. et s.
Jehan Ertant , s. ; Robin Ertant , m.
Guillaume Haquet , s. et m.

Jehan Haquet, s. et m.

(Adam Estochie, s.; Adam Estochie, m.

Adam Estochie, m.   (au Roi.)

Rogier Fierdespée, s. et m.

(Nichole Gabart, s.; Guillaume Inguehors, m.

Rogier Bourges, s. et m.

(Jean Godefroy, s.; Robin le Sauvage, m.

Guillaume Hardy, s. et m.

(Guillaume du Moulin, s.; Bertin du Moulin, m.

(Le même nom, s.; Bertin Godefroy, m.

(Jehan Huelme, s.; Sieffroy Birette, m.

(Guillaume Duputot, s.; Rogier Gonel, m.

Jehan Prendhomme, s. et m.

Martin de Tourneville, s. et m.

Nicolas Aux Coules, s. et m.

(Guillaume de Grosmenil, s.; (1) de la Riche, m.

Guillaume Malet, m.

Bertin Tourneville, m.

Jehan Godefroy, m. du Christophe.   (au Roi.)

Robin de la Hogue, m.   b.

Martin Danoy, m.

Guillaume du Moutier, maître d'une galye, 200 hommes.

Colin Helye, patron d'une galye, 200 hommes.

Philippe Bonnet, m.   (au Roi.)

Etienne Olivier, patron d'une galye, 200 hommes.

Danoys de Laguilion, m.

L E Q U E F - D E - C A U X,
.. probablement le Hâvre.

Jehan Noirepel, m.; (Robert Nordest, s.

---

(1) Guillaume de Grosmenil, ci-dessus, fit à l'Écluse le plus beau fait d'armes, et prit à l'abordage un vaisseau anglais, monté d'écuyers et de chevaliers.

Thomas Saquespée, s. et m.
(Robert Roussel, dit Tartarin, s. ; Jean Tartarin, m.

FÉCAMP.

Robert Lebrument, m. ; (Aubert Durant, s.
Colin de Baicus, s. et m.

ESTRUTAT.

(Jehan Tibout, s. ; Picart Gracebours, m.
Michel Buffart, m. ; (Jehan Dugardin, s.
Jean du Moutier, m. ; (le même nom, s.
(Robert du Heamet, s. ; Pierre du Moutier, m.
(Le même nom, s. ; Robert de la Hese, m.
(Guillaume Bertin, s. ; Jehan Marescot, m.

SAINT-SAVINIEN,
en Saintonge.

(Jean Helyes, s. ; Colin le Hardy, m.
(Le même, s. ; Bernard Garainge, m.

DYEPPE.

(Baudoin Eudes, s. ; Mathieu Eudes, m.
(Martin de . . . . . . s. ; Jehan Petit, m.
(Jehan le Maire, s. ; Pierre Lefévre, m.
(Jehan le Maire, s. ; Gauthier Hébert, m.
(Jehan de Greges, s. ; Jehan Flois, m.
(Le même, s. ; Jehanin Bance, m.
(Guillaume le Sueur, s. ; Gautier le Sueur, m.
(Guillaume Coletot, s. ; Gilles Beraut, m.
(Laurent Camne, s. ; Andrieu Beraut, m.
(Picart Eudes, s. ; Johan Lainé, m.
(Le même nom, s. ; Guillaume Homo, m.
(Pierre Huillart, s. ; Gilebert de Wauben, m.
(Le même, s. ; Jehan Orient, m.
Andrieu Maillart, s. ; Jehan Banquerel, m.

(Pierre Petit, s..; Gieffroi Capet, m.
(Jehan Damiens, s. ; Guillaume Avestoise, m.
(Bérenguier Morel, s. ; Guillaume le Féron, m.
(Anchiel Legaffe, s. ; Pierre Legaffe, m.
(Michel de Hotot, s. ; Gilles le Maire, m.
(François Caletot et Guilé Damiens, Guillaume Avestoise, m.
Guillaume le Marinier, m.

Cent vingt hommes armés et arbalétriers mis dans dix des
nefs ci-dessus.

Barges armées de gens de Dyeppe.

Magieu Miere, patron de la	200 hom.
Vincent Héris, maître d'un bargiot.	28 id.
Mathieu Quiesdeville, capitaine de la	200 id.
Rogier Caron, maître.	131 id.
Pierre le Valois, maître. (au Roi.)	178 id.
Jehan Dugardin, patron.	128 id.
Jehan Dalmet, patron. (au Roi.)	161 id.
Total.	1026 hom.

CROTOY.

Point de vaisseau, seulement. . . . . . . 66 hom.
tous mariniers conduits par Bernart le Quievre et Pierre Pévillon,
sergens d'armes, faute faite ci-dessus réformée.

SAINT-VALERY.

(Jehan de la Gove, s. ; Jehan le Bruiant, m.	79 hom.
(Witasse Doffeu, s. ; Guillaume Marchant, m.	79 id.
Leshoirs de Gautier Bruiant, s. ; Bertaut le Carpentier, m.	99 id.
(Jehan Postel, s. ; Henri Postel, m.	59 id.
Total.	316 hom.

ABBEVILLE.

Huc Poisaulart, s. et m. . . . . 59 hom. 88 ton.
(N. de Boulogne , s. ; Estienne le Becquin, m.   39 id.
Jean Legier , m. b. . . . . 155 id.
Jean de Boulogne, m. . . . . 209 id.
Bernart le Quievre, m. . . . . . . 55 id.
Witasse le Flament, m. b. . . . . . 209 id.
Pierre Beut, m. b. . . . . 104 id.
Même nom , m. b. (au Roi.) . . . 159 id.
Jean Davranches, m. b. (au Roi.) . 99 id.
Enguerand Hugues, m. b. . . . . . 99 id.
Robert le Damoysel, m. b. . . . . 199 id.
Thomas Beut, m. . b. . . . . . . 99 id.
Plus , Arbalétriers . . . . . 192 id.

Total. . . . 1677 hom. 88 ton.

W A U B E N,

port ruiné de l'arrondissement de Montreuil ancien ponthieu.

Michel Painsec , m.; (Renier Painsec, s.
Jehan Renaud, m. b.

E S T A P P E S,

(Jehan Bertrand , s. ; Ernout Mastier , m.
Enguerand Bosquet , m.
Ernout Hacquet , s. et m.
Jehan Lambeqim , s. et m.
Jehan le Queu , s. et m.
Jacques Quoquerel , s. et m.
Jehan Boschot , s. et m.
Baudoin de Boars , m. b.
Clément Haniguet , m.

BOULOGNE.

Jehan Baalart, s. et m.
Robert Pigant, s. et m.
Richart du Broc, m.
Simon Croullé, s. et m.
Jehan Vitregis, m.; (Jehan Gosselin, s.
Jehan Bacon, s. et m.
Jehan de le Capelle, s. et m.
Jean Savin, m. b.
Jehan Tomel du Portel, m. b.
Émond Disqué, s.; batel de la b.

CALÈS. (2)

Jehan Colnué, s. ; nef . 100 hom.

L'amiral avait à sa suite suivant le même compte, dix des hommes les plus souffisans de Leure, pour aider à conseiller le capitaine, il avait aussi ses menestreuls.

---

(1) Le port de Leure était situé à l'embouchure de la Seine, entre Harfleur et le Quief-de-Caux, il est remplacé par les villages de la Grande et de la Petite Heure, qui tiennent au Hâvre.

(2) Ne fournit qu'une nef; mais ce port mettait en mer tant de corsaires, qu'il était dispensé d'un fort contingent.